ÉCOLE PROFESSIONNELLE

MÉTHODE DE COUPE

A L'USAGE DES

TAILLEURS, COUTURIÈRES ET APPRENTIS DES DEUX PROFESSIONS

Par LAVIGNE

Auteur de divers ouvrages de ce genre ; — Inventeur breveté des bustes moulés sur nature en dix minutes ; — Admis et médaillé
à l'Exposition universelle de 1867

300 Gravures, intercalées dans le texte, permettent d'apprendre seul l'art d'habiller

I^{RE} LIVRAISON

CHEZ L'AUTEUR

15, rue RICHELIEU, 15, à Paris

V

5248.

PRÉFACE

L'impulsion donnée dans ces derniers temps à l'instruction primaire et professionnelle, en faveur des classes laborieuses, nous prouve surabondamment que les générations qui commencent seront infiniment plus instruites que celles qui s'éteignent. Sans reculer de beaucoup, presque de nos jours, il n'était pas rare de voir des enfants arriver à l'âge de seize ans ne sachant pas une lettre de l'alphabet et n'ayant jamais mis le pied dans un atelier pour y apprendre un état. Dieu merci, cet état de choses est déjà bien changé. Aujourd'hui, les enfants de pauvres ouvriers peuvent entrer de bonne heure dans des établissements où l'éducation, l'instruction morale, primaire et professionnelle leur sont données, même gratuitement; à seize ans, les jeunes gens intelligents pourront sortir des écoles, instruits et possédant un état qui leur permettra de vivre dignement dans la société. Pour l'accomplissement de ce progrès, il ne s'agit que de le vouloir, car nous avons aujourd'hui d'excellentes méthodes qui, en levant toutes les difficultés, perfectionnent l'ouvrier, abrégent le temps des études et des apprentissages.

Frappé de ce qu'il n'existe encore, à notre connaissance, aucune méthode pour enseigner la coupe des vêtements de femmes, et qu'une foule d'excellentes ouvrières sont souvent ignorantes pour couper quoi que ce soit, et n'ayant personne à qui s'adresser pour apprendre ce qu'elles sentent bien qui leur manque, c'est pour remplir cette lacune et contribuer autant qu'il est en nous de le faire pour ce genre d'instruction, que nous avons créé cette Méthode pour les jeunes filles faisant l'apprentissage de couturières, et avec laquelle elles apprendront facilement à couper.

L'apprentissage de la coupe marchera donc de front avec celui de la couture; de plus, l'étude et la pratique de cette Méthode auront l'avantage de donner aux élèves, sans étude spéciale, quelques notions de dessin, très-sommaires sans doute, mais bien suffisantes pour exercer l'œil à bien saisir, à mieux tracer et à mieux exécuter la forme et les contours de toutes structures. Il est même indispensable de savoir un peu manier un crayon, dans une industrie où la mode, la fantaisie et le caprice tiennent constamment l'imagination en éveil. Cette Méthode mettra à même une ouvrière intelligente de jeter vivement sur le papier une forme de garniture qui lui viendra à l'idée, et qu'elle serait susceptible de perdre de mémoire et d'oublier sans le secours des principes qu'elle aura acquis dans notre Méthode.

LAVIGNE

DIVISION DE LA MÉTHODE

PREMIÈRE PARTIE

POINT DE DÉPART SERVANT A LA COMPOSITION DE LA MÉTHODE. — DIVISION DU MÈTRE. — TABLEAU DE RÉDUCTIONS. ÉTUDE DE COUPE POUR TOUTES LES FORMES DE ROBES, DE COSTUMES ET DE CONFECTIONS.

DEUXIÈME PARTIE

ÉTUDE SUR LES DIVERSES CONFORMATIONS ET DES MESURES QUI LEUR SONT APPLICABLES. — DÉROGATION DU SYSTÈME RÉGULIER PAR RAPPORT AUX CONFORMATIONS IRRÉGULIÈRES.

TROISIÈME PARTIE

ÉTUDE POUR TOUTES LES COUPES ET FORMES DE JUPES, JUPONS, TUNIQUES, CRINOLINES, PANTALONS, ETC., ETC.

QUATRIÈME PARTIE

TRACÉ ÉCONOMIQUE POUR L'EMPLOI DES ÉTOFFES, QUELLE QU'EN SOIT LA LARGEUR. — NOTIONS ET CONSEILS POUR LA FABRICATION ET L'EMPLOI DES BUSTES MOULÉS SUR NATURE OU D'APRÈS NATURE.

CINQUIÈME PARTIE

MODÈLES DE LIVRES POUR LA PARFAITE EXÉCUTION DES COMMANDES, POUR L'EMPLOI, LA RENTRÉE ET LA SORTIE DES MARCHANDISES DANS LES ATELIERS DE COUPE ET DE CONFECTIONS.

SIXIÈME PARTIE

LE TRAVAIL, L'INSTRUCTION, LE COMMERCE, L'ARGENT. — NOTIONS SOMMAIRES D'ÉCONOMIE SOCIALE ET PRIVÉE, D'ORDRE ET DE MORALITÉ.

SEPTIÈME PARTIE

DIX PLANCHES SÉPARÉES, CONTENANT DEUX CENTS PATRONS, ROBES ET CONFECTIONS, GRANDEURS NATURELLES.

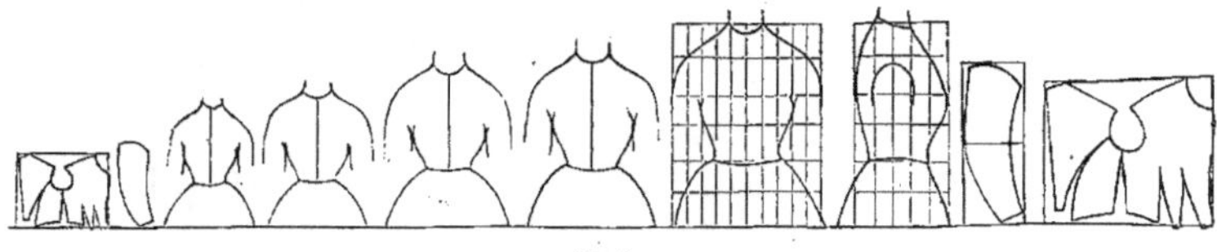

Fig. 2

MÉTHODE DE COUPE

PREMIÈRE PARTIE

RÉDUCTION DU MÈTRE.

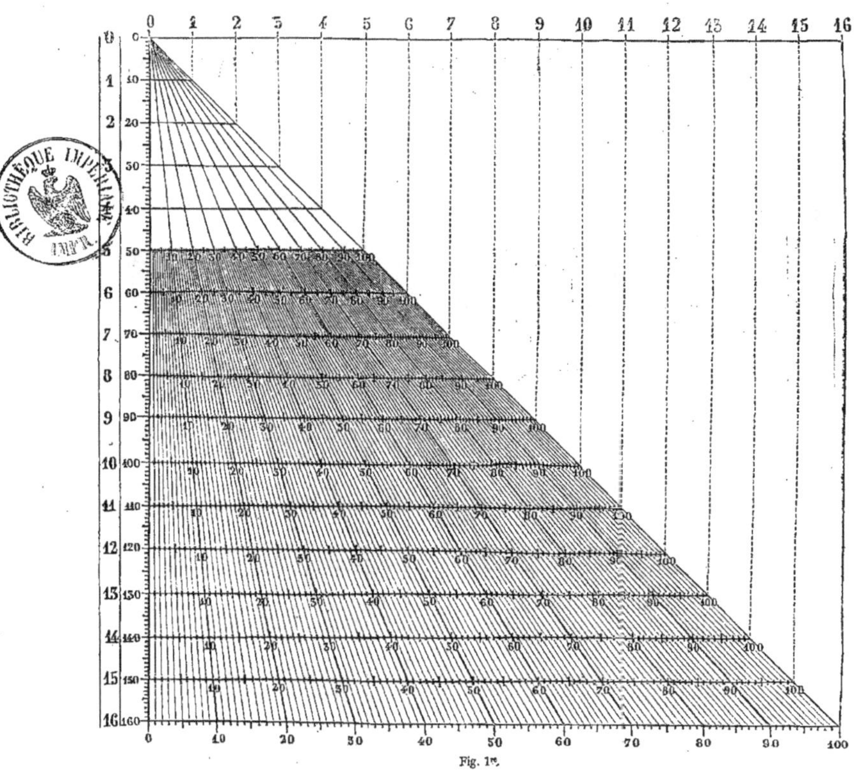

Fig. 1ʳᵉ.

Il est aussi amusant qu'utile de savoir relever et faire des modèles de la plus petite à la plus grande dimension. Les personnes qui possèdent cette science ont généralement des notions de dessin linéaire, l'habitude de chiffrer et de diviser, ce que beaucoup d'ouvriers, ouvrières et apprentis n'ont pas eu le temps ni le moyen d'apprendre. Cependant, chacun sait que nous n'avons qu'une seule et unique mesure : le MÈTRE, divisé en cent centimètres, servant à mesurer, à relever ou à faire des plans de diverses grandeurs Le DÉCIMÈTRE, contenant dix centimètres, est la dixième partie du mètre et divisé en cent millimètres. Il sert à mesurer, à relever et faire des plans au dixième, c'est-à-dire dix fois plus petits ou plus grands. Mais s'il plaît de vouloir réduire graduellement plus petit ou plus grand que le dixième, il faut aussi des mesures, autrement dire des échelles plus petites ou plus grandes, ce qui est facile à faire en examinant le modèle ci-dessus *(fig. 1)*, composé de seize échelles d'un centimètre chacune de différence, ce qui permet déjà de faire et de relever des modèles de seize grandeurs différentes; de trente-deux, si l'on veut les faire de demi en demi-centimètre, et de cent soixante, si l'on veut les faire de millimètre en millimètre. Il est bien entendu que ce cadre, qui n'a que seize centimètres sur chaque face, s'il en avait cent, donnerait cent échelles graduées par demi-centimètre et mille par millimètre. Mais pour mesurer et relever les dessins et modèles contenus dans cet ouvrage, les échelles de cinq à quinze centimètres suffisent.

Habiller bien, dans toute l'acception du mot, n'est pas chose facile, parce que la structure humaine est mobile, flexible, irrégulière et quelquefois difforme.

Les sculpteurs, les mécaniciens, les menuisiers, etc., travaillent sur des matières dures, inflexibles et mobiles. Avec l'équerre, la règle et le compas, une main exercée est sûre d'elle. Les cordonniers, les chapeliers, ont en plus des mesures, les formes sur lesquelles s'exécute le travail. Il n'en est pas de même pour les tailleurs et les couturières, qui doivent exécuter avec de simples mesures, et n'ont pas, pendant toute l'exécution du travail, le modèle, c'est-à-dire le client ou la cliente, à leur disposition. Il faut donc aux tailleurs et aux couturières des mesures bien précises et le coup d'œil bien exercé, pour que les coupes s'adaptent parfaitement bien aux conformations et aux structures des personnes qu'ils habillent. Heureux encore quand les combinaisons de mesures et de coupe d'un praticien habile ne sont pas dérangées, soit par l'ouvrier dans le montage des pièces, ou par la rigidité ou par la souplesse des étoffes, les droits-fils, les biais, les tendages, etc.

Les personnes qui se destinent à la coupe doivent se bien pénétrer qu'il ne suffit pas d'avoir de bons patrons, mais il faut aussi savoir s'en servir, c'est-à-dire avoir l'intelligence nécessaire, le coup d'œil et la main exercée pour réussir, même avec une méthode aussi parfaite qu'elle puisse être.

Les quatorze figures, dessinées en tête de cette page, ne sont qu'une bien minime fraction de tous les genres de conformations qui existent, elles suffisent cependant pour en donner une idée; mais dans le nombre, il y a la forme régulière que tous les dessinateurs et sculpteurs recherchent et adoptent comme beau type de la nature pour composer des chefs-d'œuvre d'art. Nous aussi, nous avons dû suivre ce principe, c'est-à-dire chercher et adopter les modèles qui puissent incontestablement être considérés comme types de femmes bien faites sur lesquels nous puissions fonder la base de notre méthode. L'on admet comme bien faites toutes les personnes dont la tenue est droite, les épaules ni trop hautes, ni trop basses; le dos ni trop rond, ni trop plat; la poitrine ni trop, ni trop peu saillante. Les femmes bien faites se rencontrent généralement chez les personnes de taille moyenne et depuis l'âge de vingt à quarante ans. Au-dessous de vingt ans, les femmes n'ont pas toujours acquis tout leur développement. Au-dessus de trente-cinq à quarante ans, il y a tendance à l'embonpoint, à la déformation, à la déviation de la taille et de la courbure du dos. Dans tous les cas, qu'il y ait embonpoint, maigreur ou déviation plus ou moins sensible, ni l'un ni l'autre de ces types ne peut être adopté comme point de départ pour fonder la base d'un principe. C'est pourquoi nous avons dû, comme les artistes, rechercher et adopter les types les mieux conformés, pour établir la base de notre méthode, et rien ne sera plus facile ensuite, ainsi qu'il sera démontré plus tard, de faire subir aux coupes, au moyen des mesures, les modifications que nécessitent les changements qui se produisent successivement sur la nature humaine pendant le cours de son existence.

POINT DE DÉPART POUR LA COMPOSITION DE LA MÉTHODE

Fig. 17.   Fig. 18.   Fig. 19.   Fig. 20.

Les artistes, pour composer un portrait en pied ou une statuette, commencent par en fixer la hauteur totale, puis ils divisent cette hauteur en huit parties, qui se subdivisent ensuite pour déterminer chaque partie de la tête, du buste, du torse, etc. Suivant les règles de l'art, ce système est-il fixe, invariable, et peut-on l'employer comme point de départ et comme base pour établir un principe de coupe ? C'est ce dont il fallait nous assurer, et l'un des moyens que nous avons employés, le plus simple et le plus à portée de tous, le voici en trois points :

1° Nous plaçons le long d'un mur uni une feuille de papier plus grande que la personne que nous voulons mesurer ;

2° Nous plaçons ladite personne devant la feuille de papier juste au milieu de la ligne A, que nous avons tracée préalablement ;

3° Nous nous plaçons nous-même en face de la personne, et avec un long crayon nous traçons autour d'elle sur le papier, absolument comme on le ferait autour d'un patron. La pointe du crayon reproduit donc sur le papier la silhouette de la personne qui vient de servir de modèle. Cette silhouette ou calque, comme on voudra l'appeler, doit se faire de face et de profil. Ces silhouettes obtenues, on tire une ligne A juste au-dessus de la tête, et une autre ligne B que l'on divise en huit parties, et l'on peut voir immédiatement si la méthode employée dans l'art du dessin et de la plastique, peut être employée dans l'industrie qui nous occupe. Nous avons fait cette expérience grand nombre de fois et sur des sujets de taille et de conformation différentes, et nous avons remarqué, en effet, que sur la hauteur, les proportions étaient à peu près les mêmes, et aussi pour les largeurs et épaisseurs, quant la corpulence du modèle est proportionnée à sa grandeur. Mais quand la personne est grande et mince, ou bien courte et grosse, les proportions n'ayant pas d'harmonie, ces types ne peuvent être classés au nombre des conformations parfaitement régulières. Ce qui fait qu'une méthode basée sur la seule mesure de hauteur serait fausse chaque fois que les proportions de grosseur ne seraient pas en proportion avec la grandeur. Ce qui fait aussi que l'on ne peut pas se servir uniquement de la mesure de hauteur comme base et point de départ, mais qu'il faut aussi la mesure de grosseur.

La manière de tracer le long d'un mur ou sur un tableau la silhouette de la première personne venue ne serait-elle utile qu'à amuser les jeunes apprentis entre eux, que ce serait déjà quelque chose ; car cet amusement aurait l'avantage de leur exercer le coup d'œil et la main, et commencer à les habituer pour plus tard, quand ils en auront besoin, à saisir à première vue les différences de telles et telles conformations. Cet amusement de tracer des silhouettes, tout frivole qu'il paraît être, peut rendre plus de services qu'on ne se l'imagine au premier abord, et pour ce qui nous concerne, il nous facilitera dans plus d'un cas la démonstration de quelques-unes des parties de cet ouvrage.

Nous avons dit plus haut que la méthode suivie par les artistes pour la composition d'un portrait ou d'une statuette, qu'une seule mesure leur suffisait pour déterminer toutes les proportions du croquis, et qu'à nous il en fallait deux ; de plus, il nous faut partager l'étude en deux parties : la première partie, de la tête à la hauteur de la ceinture ; la deuxième, de la ceinture aux pieds. Cette division est indispensable, puisque la coupe applicable à la partie supérieure ne ressemble nullement aux coupes de la partie inférieure. Nous commençons naturellement par l'étude des coupes de la première partie, le buste.

ÉTUDE DU CORSAGE. — MESURES SIMPLES.

Fig. 21.

Nous appelons mesures simples les deux qui servent à couper des corsages que nous garantissons aller parfaitement bien à toutes les personnes dont la conformation est considérée comme régulière.

Ces mesures sont (suivant la figure ci-contre) :

1° Longueur de taille AB;

2° Demi-grosseur du haut BC.

Cette mesure doit se prendre tout autour au-dessous des bras, à la hauteur de la poitrine.

Fig. 21.

Fig. 22.

Pour tracer un corsage de la dimension de la personne à qui on a pris mesure, il faut commencer par établir un carré, dont la hauteur EF se fait de 4 centimètres de plus que la longueur de taille AB. La largeur du carré EG se fait également de 4 centimètres de plus que la demi-grosseur du haut CD.

Fig. 22.

Fig. 23.

C'est dans la dimension du carré que se dessine le corsage. — Nous devons faire remarquer que les entre-coupes rendraient le corsage trop étroit si le carré était fait juste sur les mesures AB et CD.

C'est ce qui explique pourquoi nous ajoutons toujours 4 centimètres de plus à chacune d'elles, quelle que soit la longueur de taille et la demi-grosseur de la personne à qui l'on a pris mesure.

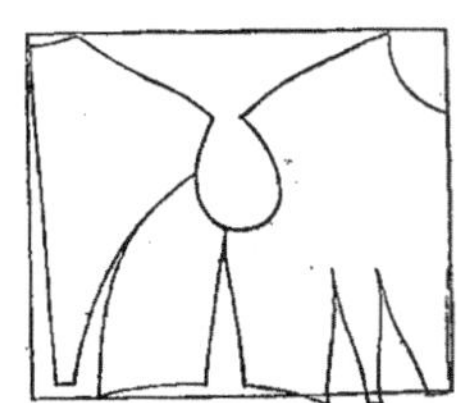

Fig. 23.

Fig. 24.

Les trois exemples qui précèdent commencent à nous donner le point de départ comme mesures et comme grandeur du carré dans lequel on dessine un corsage; mais pour déterminer les contours il faut bien d'autres lignes. C'est afin de démontrer successivement, sans charger la mémoire, que nous traçons autant de figures qu'il est nécessaire pour bien faire comprendre que c'est avec un nombre suffisant de lignes que l'on arrive à faire des patrons de la plus grande précision, ainsi que le démontrent les figures suivantes.

A la figure 24, nous partageons le carré en deux sur la longueur ce qui nous fait déjà ressortir à peu près la profondeur de l'emmanchure. En partageant également la largeur du carré en deux on obtient la séparation du devant et du dos. Voici déjà un commencement dont les figures suivantes donneront le complément.

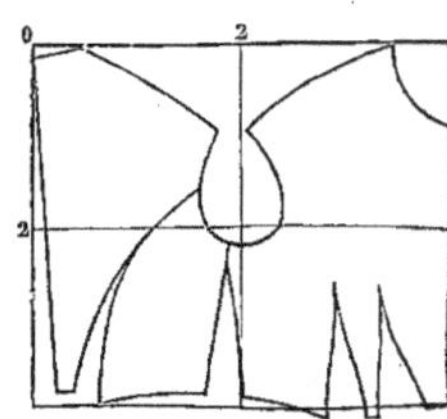

Fig. 24.

Fig. 25.

Ici nous faisons plus, nous séparons chaque ligne en quatre, ce qui nous donne à peu près la hauteur de l'encolure et de l'épaulette, et aussi le milieu de la gorge et de l'omoplate, mais cela ne suffit pas encore, car, non-seulement la hauteur de l'encolure et de l'omoplate ainsi que la profondeur d'emmanchure, ne se rencontrent pas même justes aux lignes, mais il y a encore l'écartement de l'emmanchure et celui de l'encolure, ainsi que la largeur du haut, du bas du dos et du petit côté qui ne sont pas déterminés et qui ne peuvent l'être d'une manière précise qu'au moyen d'autres lignes.

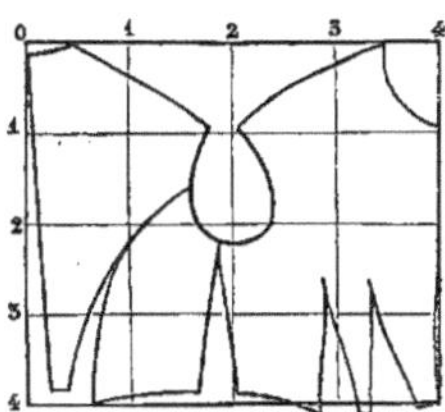

Fig. 25.

Fig. 26.

Puisque quatre lignes ne suffisent pas pour déterminer chaque partie essentielle du corsage, nous divisons chacune d'elles en cinq, ce qui donne 20 points, autrement dire 20 lignes, que nous utilisons comme on le voit ci-contre.

Mais faire autant de lignes qu'il y en a à cette figure, serait long et ennuyeux ; nous devons donc chercher à abréger, sans cependant nuire à la perfection du tracé, ce que démontrent les figures suivantes.

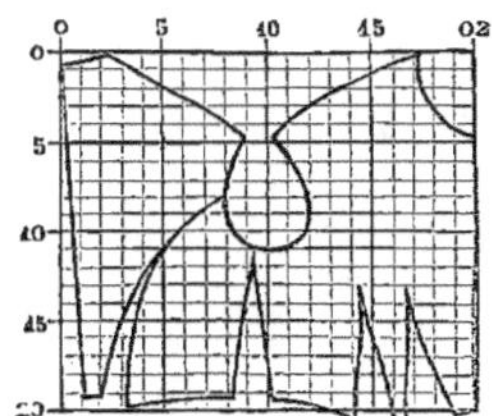

Fig. 26.

Fig. 27 et 28.

Nous avons dit que pour tracer un corsage il nous fallait deux mesures, la longueur de la taille et la demi-grosseur du haut. Nous préparons d'avance ces deux mesures sur une bande de papier dont ci-contre les modèles.

Figure 27. — Longueur de taille, quatre centimètres en plus.

Figure 28. — Demi-grosseur du haut, plus quatre centimètres.

Chacune de ces mesures se divise en 20 points. Pour en faciliter la division sans calcul, nous partageons d'abord en 4, puis en 5 chacune des 4 parties, ce qui donne le nombre 20.

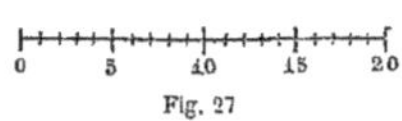

Fig. 27

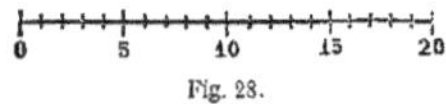

Fig. 28.

Fig. 29.

La première mesure *(fig.* 27) nous donne la hauteur du carré sur lequel nous marquons un point à chaque chiffre suivant :

0 1/2, 4, 8, 10 3/4, 13, 19, 20

La deuxième *(fig.* 28) nous donne la largeur du carré sur lequel nous marquons un point à chaque chiffre suivant :

0, 2 1/2, 3, 8, 9 1/4, 10 1/4, 12, 14, 16 1/6, 17 1/2, 20,

Il suffit maintenant de tirer une ligne à chaque point et dessiner le corsage tel qu'il est ci-contre, et qui est exactement pareil à celui de la *fig.* 16, puisqu'il est fait avec les mêmes mesures et les mêmes chiffres.

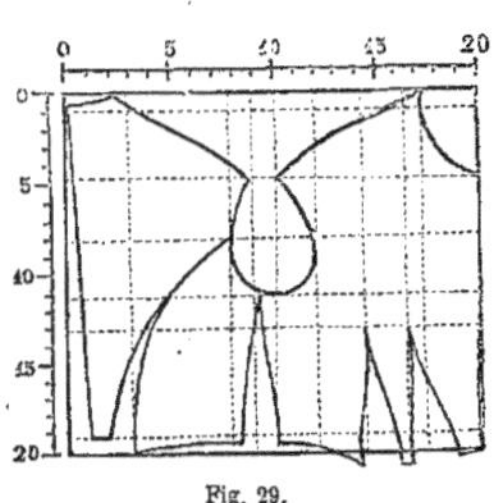

Fig. 29.

AVIS

Nous recommandons d'une manière toute spéciale, que le tracé du corsage démontré dans cette leçon soit rigoureusement suivi, et exécuté avec le plus grand soin, parce que le patron d'un corsage bien réussi est le point de départ et le guide pour toute autre forme de corsage et pour tout autre genre de costume, quelles que soient les modes présentes et à venir. De même qu'il est aussi le point de départ et le guide pour les comparaisons et rectifications que nécessitent les diverses conformations. Si nous insistons d'ailleurs d'une manière si absolue, c'est parce que quinze années de pratique, de recherches et d'expériences nous ont fait connaître qu'il serait difficile, sinon impossible d'obtenir un meilleur résultat, une réussite plus parfaite.

NOMBRE TOTAL DES GROSSEURS DU HAUT ET DES LONGUEURS DE TAILLE.

Une collection complète de modèles pour habiller depuis l'enfant de deux à trois ans, jusqu'à la personne ayant acquis le plus haut degré de corpulence, se compose de 36 modèles dont la grandeur augmente successivement et nécessite autant de mesures qu'il y a de grosseurs du haut et de longueurs de tailles. Les longueurs de tailles sont moins nombreuses, car de la plus petite à la plus grande il n'y en a que 23.

Ce serait une grande sujétion que de faire des mesures ou échelles, pour chaque taille et chaque fois que l'on en aurait besoin, mais on peut les préparer d'avance et une fois pour toutes, au moyen des deux tableaux dont nous donnons les modèles ci-contre et ci-dessous. Voici le moyen de les établir :

ÉCHELLE DE PROPORTION DES LONGUEURS DE TAILLE *(fig. 30)*.

Le nombre total des longueurs de taille étant de 23, nous tirons 23 lignes; la plus petite longueur de taille pour enfant de deux à trois ans, est de 22 centimètres et 4 centimètres, qu'il faut ajouter en plus font 26 centimètres, que nous mettons à la première ligne. — Les plus longues tailles de femmes qui existent sont de 44 centimètres, qui, avec les 4 centimètres qu'il faut ajouter, font 48 centimètres que nous mettons à la dernière ligne. Ces deux lignes qui sont les deux extrémités, nous marquons sur chacune d'elles 20 points, puis nous tirons du haut en bas autant de lignes qu'il y a de points. et les 23 échelles se trouvent pour ainsi dire divisées du même coup.

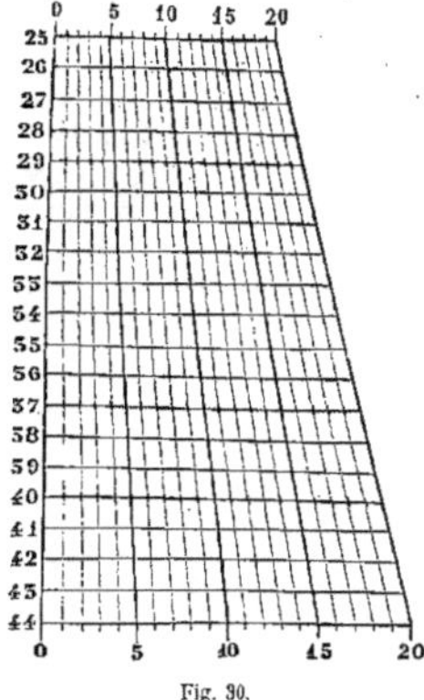

Fig. 30.

ÉCHELLE DE PROPORTION, GROSSEUR DU HAUT *(fig. 31)*.

Le nombre total des grosseurs du haut étant de 35, nous tirons 35 lignes, les plus petites grosseurs pour enfants de deux à trois ans, sont de 22 centimètres, de demi-grosseur du haut, qui, avec 4 centimètres, qu'il faut ajouter font 20 centimètres, que nous mettons à la première ligne.

Les femmes les plus grosses que l'on rencontre portent 60 centimètres de demi-grosseur du haut, et 4 centimètres qu'il faut ajouter, font 64 centimètres que nous mettons à la dernière ligne, et comme ci-dessus, nous divisons la première et la dernière en 20 points et nous tirons du haut en bas autant de lignes qu'il y a de points.

Nota. Nous avons donné aux *fig.* 30 et 31 ci-dessus, le nom d'échelles de proportion, afin de ne pas les confondre avec celle des décimètres qui figure à la première leçon.

Ces deux échelles, d'ailleurs, ne peuvent uniquement servir que pour le tracé des corsages.

AVIS

La manière de couper les corsages, décrite dans ces pages, peut paraître compliquée et difficile à saisir à première vue, mais nous ne pouvions faire autrement pour arriver à démontrer les divisions et les points nécessaires à la création d'une Méthode et le degré de justesse et de perfection que nous avons voulu atteindre ; mais le tableau d'échelle de proportion de grandeur naturelle, annexé à la Méthode étant simplifié, rend la compréhension et l'exécution plus facile. D'ailleurs, l'habitude vite acquise par la pratique, permet de se dispenser des échelles de proportion et de supprimer bien des lignes, ainsi que nous l'avons fait aux *fig.* 24 et 25. Toutes les planches de collection de patrons de grandeur naturelle annexées à la Méthode, ont également pour but de faciliter, d'abréger et de supprimer même le temps que l'on consacre à faire des patrons à toute personne qui n'en aurait ni le temps ni la patience.

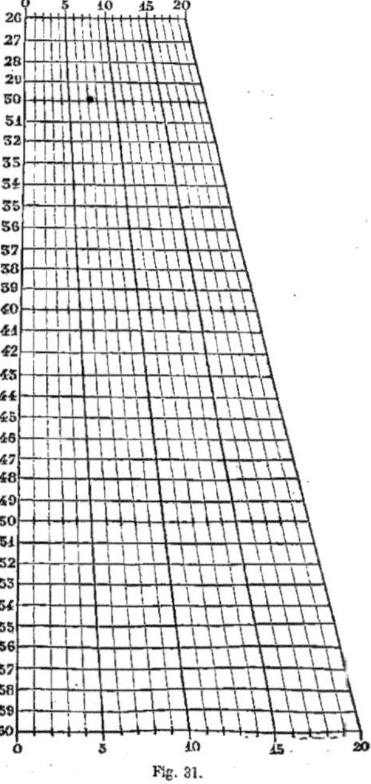

Fig. 31.

CONFORMITÉ DE TRACÉS POUR TOUTES LES TAILLES.

Afin que l'on puisse bien se pénétrer de la simplicité du tracé des corsages au moyen des deux mesures seulement, et des deux échelles de proportions préparées à l'avance, nous traçons ci-dessous trois modèles pour trois personnes différentes d'âge et de taille.

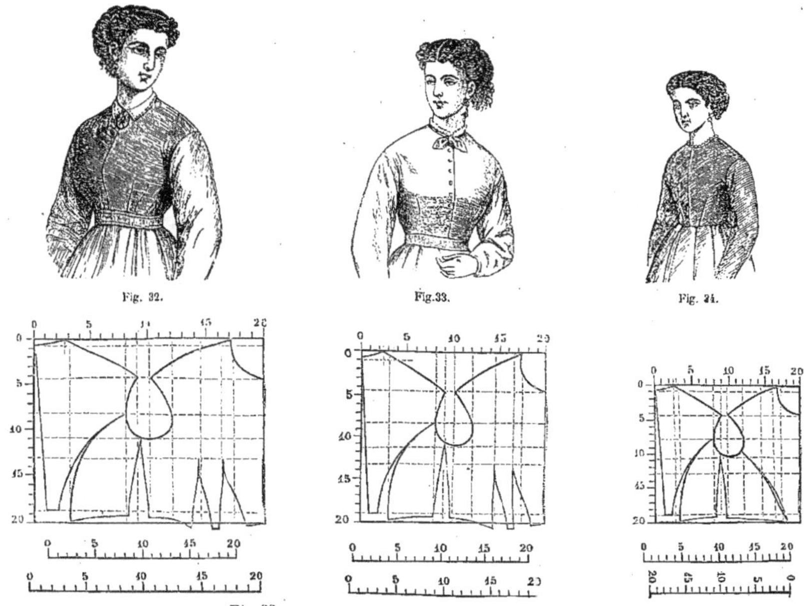

Fig. 32. — CORPULENCE AU-DESSUS DE LA MOYENNE.

(Longueur de taille, 39 cent.)

Nous relevons sur le tableau d'échelle de proportions les mesures de longueur de taille 39 centimètres, qui nous sert à marquer la hauteur du carré sur lequel nous marquons un point aux chiffres suivants :

1/2	échancrure du haut du dos.
4	hauteur de l'épaulette.
8	hauteur du petit côté à l'écarrure.
10 3/4	hauteur de l'emmanchure et du dessous du bras.
13	hauteur du sein et des pinces.
19	longueur du dos et du petit côté.
20	longueur du devant.

DEMI-GROSSEUR DU HAUT, 50 CENTIMÈTRES.

Nous relevons sur le tableau de proportions la mesure de la demi-grosseur du haut, 50 centimètres, qui nous sert à marquer un point aux chiffres suivants :

2 1/2	largeur du haut du dos.
3	largeur et pointe du bas du petit côté.
8	largeur de l'écarrure.
9 1/4	largeur de l'épaulette du dos.
10 1/4	largeur de l'épaulette du devant.
12	largeur de poitrine, écartement de l'emmanchure.
14	écartement de la première pince.
16 1/2	écartement de la deuxième pince.
17 1/2	pointe de l'épaulette du côté de l'encolure.
20	largeur totale.

Tous ces points marqués, on tire des lignes a chacun d'eux et l'on dessine le corsage comme aux modèles ci-dessus.

Fig. 33. — CORPULENCE AU-DESSOUS DE LA MOYENNE.

(Longueur de taille 36 cent.)

Relever l'échelle 36 sur les tableaux des longueurs de taille qui sert à marquer la hauteur du carré sur lequel on marque des points aux chiffres comme suit :

0 1/2, 4, 8, 10 3/4, 13, 19, 20.

(Demi-grosseur du haut 40 cent.)

Relever l'échelle 40 sur le tableau des demi-grosseurs du haut qui sert à marquer la largeur du carré sur lequel on marque des points aux chiffres comme suit :

2 1/2, 3, 8, 9 1/4, 10 1/4, 12, 14, 16 1/2, 17 1/2, 20.

Fig. 34. — JEUNE FILLE DE DIX ANS.

(Longueur de taille 28 cent.)

0 1/2, 4, 8, 10 3/4, 13, 19, 20.

(Demi-grosseur du haut 30 cent.)

2 1/2, 3, 8, 9 1/4, 10 1/4, 12, 14, 16 1/2, 17 1/2, 20.

La manière de relever les échelles, marquer les points et tirer les lignes est absolument la même qu'aux exemples précédents, il n'y a de différence que dans la grandeur des échelles, mais il ne peut y en avoir dans la manière de s'en servir.

2

DEUXIÈME PARTIE

ÉTUDE DES MESURES COMPLÈTES.

Toutes les coupes sont démontrées dans le premier chapitre, avec lequel on crée des modèles de toutes grandeurs au moyen de deux mesures seulement. Nous affirmons de nouveau que ces modèles sont excellents, et que l'on peut à coup sûr s'en servir pour toute personne dont la conformation et la tenue sont régulières. Il n'en est pas ainsi quand une personne est disproportionnée, mal faite ou difforme.

Fig. 35. Fig. 36. Fig. 37.

Fig. 38. Fig. 39. Fig. 40. Fig. 41.

Dans ce cas, la coupe naturelle de la méthode n'a plus la même valeur, et l'on se trouve dans la nécessité d'y suppléer en y apportant par son intelligence les modifications nécessaires, afin d'approprier la coupe pour telle conformation qui ne peut être classée dans la série des femmes bien faites.

Il n'y a que deux manières d'apprécier la conformation d'une personne.

> La première, le coup d'œil.
> La deuxième, la mesure.

La première n'est qu'approximative, la deuxième est positive. L'inspection rapide par le coup d'œil nous donne immédiatement une idée de la conformation, si elle est régulière, disproportionnée ou difforme, et s'il y a lieu à prendre des mesures spéciales. C'est afin de bien faire comprendre l'importance des mesures et de leur utilité que nous donnons comme premier exemple le dessin d'une personne contrefaite *(fig.* 37 et 38), dont un côté est beaucoup plus fort que l'autre, la différence est tellement sensible à première vue qu'il vient immédiatement à l'idée qu'il est indispensable dans certains cas de prendre la mesure des deux côtés. En admettant que ces cas soient rares et exceptionnels, il n'est cependant ni rare ni exceptionnel de rencontrer des personnes considérées comme bien faites, d'une tenue droite et les épaules d'égale hauteur, les avoir cependant plus hautes ou plus basses que la moyenne *(fig.* 39 et 40), et qui, par cela même, doivent être différemment classées ; de plus, il y a encore en dehors des types difformes et de ceux à épaules hautes ou basses, ceux dont la tenue est plus ou moins renversée, dont le dos est plat ou moins bombé *(fig.* 35 et 36), les tailles plus ou moins grosses *(fig.* 40 et 41). — Il est incontestable que tous ces types existent à des degrés plus ou moins prononcés, il faut donc les étudier sur nature, s'habituer à les reconnaître à première vue et à les classer, puis adopter un système de mesures dont le nombre sera suffisant pour affirmer d'une manière positive la différence qu'il y a entre chaque type, et celle des modifications qu'il faudra faire au système de coupe naturel pour l'appliquer à telle mesure prise sur telle conformation. Il résulte de tout ceci, que lorsqu'il s'agit de couper sur commande et sur mesure, il est indispensable d'adopter une manière de prendre ses mesures, et qu'elles soient en nombre suffisant pour nous donner le plus possible une garantie dans l'exécution et la perfection des coupes appropriées à tous les types.

D'ailleurs, c'est en pratiquant la méthode de mesures et de coupe que nous enseignons que l'on arrive successivement à apprécier et à comparer les différences qui existent entre chaque conformation.

MESURES COMPLÈTES APPLICABLES A TOUTES LES CONFORMATIONS.

Fig. 42.

Fig. 43.

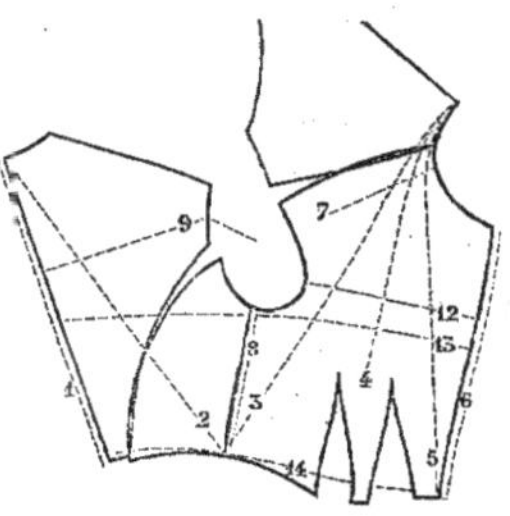

Fig. 44.

1re Mesure. — Longueur de taille, partant de la nuque à la hauteur naturelle de la taille.
2e   —   Mesure de l'omoplate, partant de la nuque et venant s'appuyer au-dessus de la hanche.
3e   —   Longueur du devant, partant de la nuque en venant s'appuyer au-dessus de la hanche.
4e   —   Hauteur de la gorge, partant de la nuque au milieu du sein.
5e   —   Longueur du devant, partant de la nuque à la hauteur naturelle de la ceinture.
6e   —   Longueur du devant, partant de l'encolure à la hauteur naturelle de la ceinture.
7e   —   Largeur de l'épaule, partant du milieu de l'encolure à la pointe de l'épaule.
8e   —   Hauteur du petit côté du dessous de bras à la hanche.
9e   —   Largeur de l'écarrure, prise au milieu du dos à l'emmanchure.
10e   —   Longueur de la manche, de l'emmanchure au coude.
11e   —   —   du coude au poignet.
12e   —   Largeur de la poitrine, prise du milieu du devant à l'emmanchure.
13e   —   Grosseur totale du haut, prise au-dessous des bras à la hauteur de la poitrine.
14e   —   Grosseur du tour de la taille.

Les mesures du cou, du tour de l'emmanchure et la grosseur du bras sont facultatives, le tracé de la Méthode les donne toujours dans de bonnes proportions.

NOTA :

Nous devons faire observer que l'étude des mesures est une de celles auxquelles on doit le plus s'appliquer, car il ne peut y avoir de bonne coupe et de vêtements réussis qu'au moyen de mesures très-exactes. L'aptitude de bien les prendre ne s'obtient généralement que par une longue pratique ; aussi conseillons-nous à nos élèves de s'y exercer le plus qu'il leur sera possible et de ne se fier aux mesures compliquées qu'exigent les conformations exceptionnelles que quand ils se sentiront suffisamment exercés, car autant vaudrait mieux couper avec de simples mesures que de les prendre nombreuses, mais inexactes.

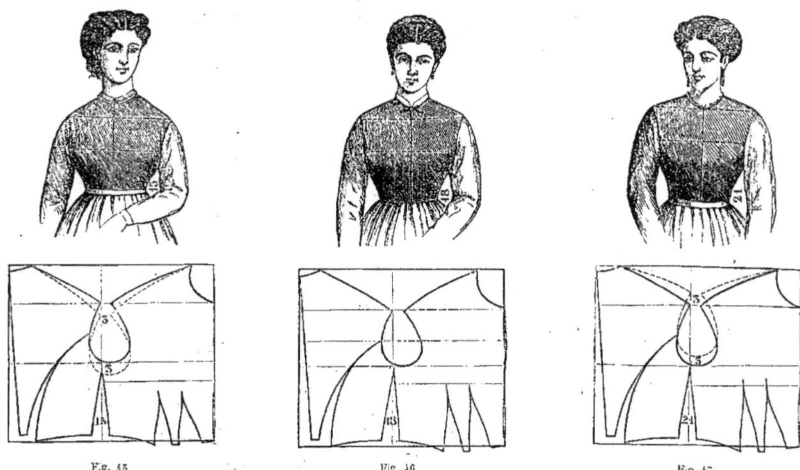

Fig. 45.   Fig. 46.   Fig. 47.

Nous mettons en regard trois personnes de même grandeur, même longueur de taille, même grosseur du haut et de ceinture. Celle du milieu est le type régulier sur lequel nous avons fondé notre Méthode. La longueur de la taille est de 33 centimètres, la longueur du petit côté du dessous de bras est de 19 centimètres. Toutefois que la longueur du petit côté est la moitié de la longueur du dos, cela nous prouve que la hauteur des épaules est régulière, et, dans ce cas, nous n'avons rien à changer dans la coupe naturelle de notre Méthode. Pourtant, nous devons faire observer que, quand on prend la mesure du petit côté, il faut faire lever le bras le moins possible, parce qu'étant trop levé il y aurait l'inconvénient de faire prendre cette mesure trop longue. Nous ferons remarquer aussi que, dans nos coupes, nos petits côtés sous le bras ont toujours 1 centimètre plus court que cette mesure, afin que le corsage ne puisse occasionner de la gêne et des plis autour de l'emmanchure.

ÉPAULES BASSES.

Afin de mieux faire ressortir la différence exacte qu'il y a entre les trois modèles ci-dessus, nous avons tiré une ligne à la hauteur du dessous de bras, et une ligne à la hauteur de la pointe des épaules du modèle-type du milieu, qui a 38 centimètres de longueur de taille, et 19 de longueur de petit côté.

La *fig.* 45 a également 38 centimères de longueur de taille, mais elle n'a que 16 centimètres de petit côté. Ceci prouve que, cette mesure de dessous de bras, ayant 3 centimètres de moins que la moitié de la longueur du dos, les épaules sont de 3 centimètres plus basses, et que la coupe du corsage, d'après notre Méthode, devant aller très-bien à la personne du milieu, ne peut aller aussi bien à sa voisine de gauche. Il faut donc que le corsage soit modifié de la manière indiquée par des points, *fig.* 55, et qui consiste seulement à baisser le petit côté et l'épaulette de 3 centimètres.

ÉPAULES HAUTES.

La *fig.* 46 a également 38 centimètres de longueur de taille, la hauteur du dessous de bras, qui devrait avoir la moitié, 18 centimètres, en a 21: ceci prouve que, la mesure du petit côté, ayant 3 centimètres de plus que la moyenne, c'est que les épaules sont de 3 centimètres plus hautes, et que la coupe, par la Méthode, ne pourrait aller bien à cette conformation, sans être modifiée de la manière que nous avons indiquée par des points, *fig.* 47. Ainsi, il est bien entendu que l'on reconnaît toujours la hauteur des épaules par la mesure du dessous de bras. Quand cette mesure tombe d'être juste de la moitié de la longueur de taille, c'est que la hauteur des épaules est naturelle et bien placée. Quant au contraire la mesure du petit côté a plus ou moins que la moitié de la longueur de taille, c'est que les épaules sont plus ou moins hautes que la moyenne, et cela nécessite des changements à la coupe en proportion de la différence de mesure, qui varie quelquefois de 4 et même jusqu'à 6 centimètres. Mais ces différences aussi grandes sont rares et tout à fait exceptionnelles, telles que chez les personnes difformes ou bossues pour lesquelles on est obligé de prendre mesure des deux côtés.

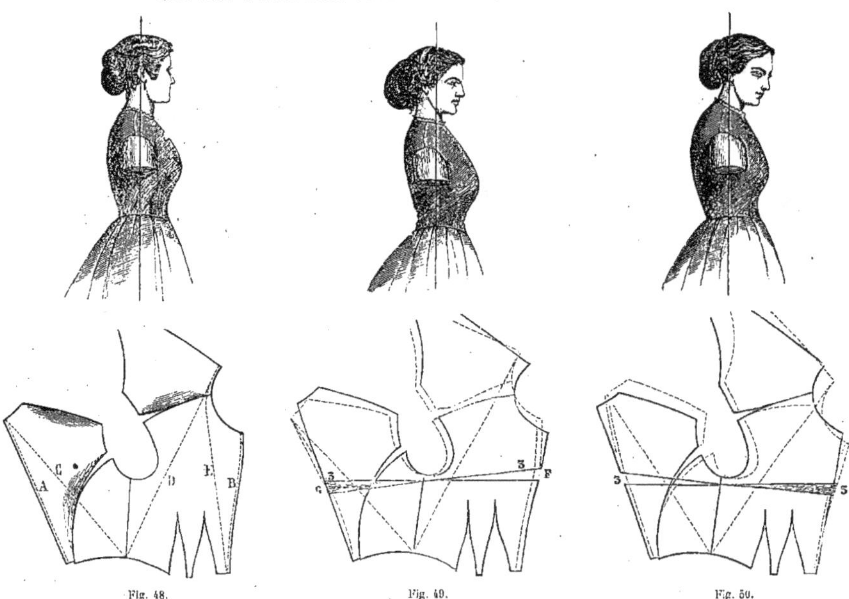

Fig. 48.   Fig. 49.   Fig. 50.

Fig. 48. — TENUE DROITE.

En supposant que nous placions dans leur position naturelle trois personnes de tenue différente, le long du mur, pour en dessiner la silhouette au moyen d'une ligne perpendiculaire placée au milieu, il serait facile de reconnaître la différence de tenue qu'il y a entre chacune d'elles, mais il n'est pas d'usage de mesurer ainsi les clientes ; il faut donc s'en rapporter aux moyens ordinaires, qui sont les mesures au centimètre. — A la fig. 48, le milieu du cou se trouve placé juste au milieu de la ligne.

C'est la tenue droite sur laquelle est fondée notre méthode.

On reconnaît à la mesure quand la tenue est droite.

1er Quand la mesure du dos A est de 5 à 6 centimètres plus courte que le devant B.

2e Quand la mesure d'omoplate C est de 4 centimètres plus longue que la mesure du dos A.

3e Quand les deux mesures D et E ont de 11 à 12 centimètres de plus que la mesure A.

Fig. 49. — TENUE RENVERSÉE.

L'on comprend facilement, lorsqu'une personne se tient renversée que le dos perde en longueur ce que le devant y gagne. La mesure peut donc nous renseigner facilement sur la différence ; supposons que cette différence soit en moins de 3 centimètres du côté du dos et de 3 centimètres en plus du côté du devant, le patron que nous avons coupé en travers et renversé en arrière de 3 centimètres, démontre la différence d'une coupe droite à une coupe renversée ; cette différence varie suivant le plus ou moins de renversement que les mesures donnent exactement si elles sont bien prises.

Fig. 50. — TENUE VOUTÉE.

La description de la tenue voutée est facile puisqu'elle est en sens contraire la même que celle de la tenue renversée. Ce sont les mesures qui enseignent au juste de combien le dos doit être allongé en proportion de ce que le devant doit être raccourci.

L'on a remarqué sans doute au patron de la fig. 48, que nous avons ombré le dos à l'endroit des coutures, c'est pour rappeler que le dos n'est jamais assez plat pour que les coutures soient montées très-justes et que plus l'omoplate et le dos sont saillants, plus il faut de longueur dans les coutures du dos.

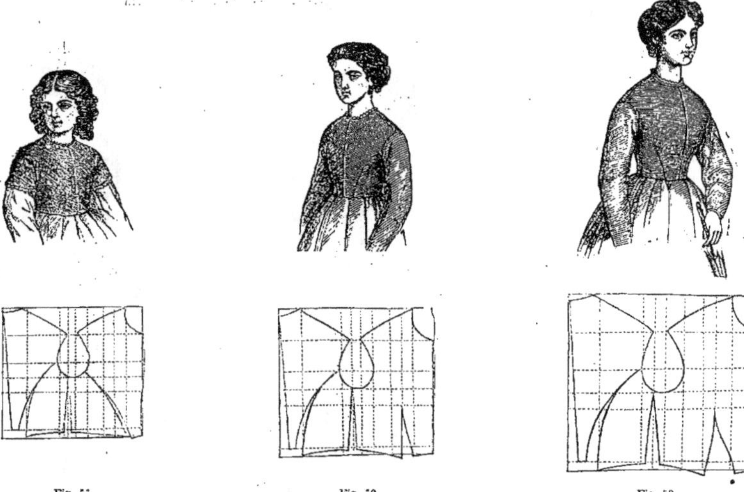

Fig. 51.   Fig. 52.   Fig. 53.

La diversité des conformations n'existe pas seulement dans les épaules plus ou moins hautes et dans les tenues plus ou moins voûtées ou renversées. Il y a le sein plus ou moins prédominant, les tailles minces ou grosses. Ainsi, il n'est pas rare de voir deux personnes portant, par exemple, 50 centimètres de demi-grosseur du haut, avoir, l'une, 30 centimètres 1/2, grosseur de ceinture et l'autre 40 centimètres ; ces différentes mesures de grosseur de ceinture indiquent bien que pour chacune d'elles il devra être fait des modifications à la coupe naturelle de la méthode. Il y a encore les enfants et les jeunes personnes dont la taille n'est pas formée et pour lesquels il faut aussi tenir compte des différences.

Fig. 51.

On habille les enfants jusqu'à l'âge de huit ou dix ans, aisément, commodément sans leur serrer la taille, ce qui fait que les grosseurs du haut et de ceinture, se trouvent être les mêmes ou à peu près. La Méthode pour tracer le corsage pour les enfants est la même que pour les grandes personnes, c'est toujours au moyen de la longueur de taille, et de la 1/2 grosseur du haut que l'on obtient la grandeur du carré dans lequel on dessine le corsage, et puisque les enfants sont aussi gros du bas que du haut, il n'y a rien à rétrécir à la ceinture, et si par rapport à la cambrure des reins, on retire du côté du dos, il faut par rapport au ventre qui est toujours prédominant reporter en avant, la valeur de ce que l'on a rétréci derrière, ainsi que nous le signalons *fig.* 51.

Fig. 52.

Aux jeunes filles à partir de dix à douze ans, on commence à leur mettre une ceinture ayant déjà la forme de corset, faite d'étoffe ferme, et pas ou peu baleiné, de manière à leur maintenir seulement la taille, commencer à les former et maintenir légèrement les côtes, pour éviter qu'elles prennent un trop large développement. Si vers cet âge on ne commence pas graduellement à former la taille des jeunes filles, plus tard il arrivera que quand elles seront formées, la coquetterie l'emportera et avec l'insouciance du jeune âge, elles voudront se rendre la taille svelte et fine, et n'y parviendront qu'en se serrant violemment, en se faisant souffrir et compromettront leur santé. La comparaison à faire est celle-ci : une jeune tige d'arbre entourée de soins intelligents deviendra infailliblement un arbre d'une belle venue, il en est de même du genre humain. Ainsi le développement naturel des enfants en grandissant, aidé du corset qui leur maintient le buste droit et leur forme la taille, par degré toujours proportionné à leur âge, ce qui fait que petit à petit le tour de la ceinture diminue à proportion que le haut du buste se développe, et tout cela sans effort, sans gêne et sans nuire aucunement à la chose la plus précieuse, la santé.

Pour les jeunes filles de cet âge on peut sans inconvénient faire une légère pince en bas du devant, ainsi que nous le signalons à la *fig.* 52.

Fig. 53.

De quatorze à dix-huit ans, c'est l'âge de transition où la jeune fille devient femme et où l'on rencontre le plus de différences entre grandeur, grosseur et forme de buste. Dans un groupe de vingt jeunes filles de cet âge combien de différences il y a entre chacune d'elles. Les unes sont grandes, minces, à peine formées, d'autres ont déjà acquis la taille et les formes de femmes bien au-dessus de leur âge, d'autres sont petites, mignonnes, et quelquefois bien faites, c'est aussi vers cet âge où les défauts de conformation commencent à s'accuser d'une manière déjà assez sensible, mais dans ces cas comme dans tous les autres les observations faites de visu, et les mesures prises avec attention font tenir compte de ces différences. Pour le modèle qui nous occupe et dont la conformation est régulière et bien proportionnée, il n'y a rien à changer au tracé naturel de la méthode sinon que la mesure de ceinture étant encore comparativement plus forte en raison de la grosseur du haut, la pince formant la gorge doit être moins prononcée que pour une personne plus forte du haut dont la poitrine serait plus développée.

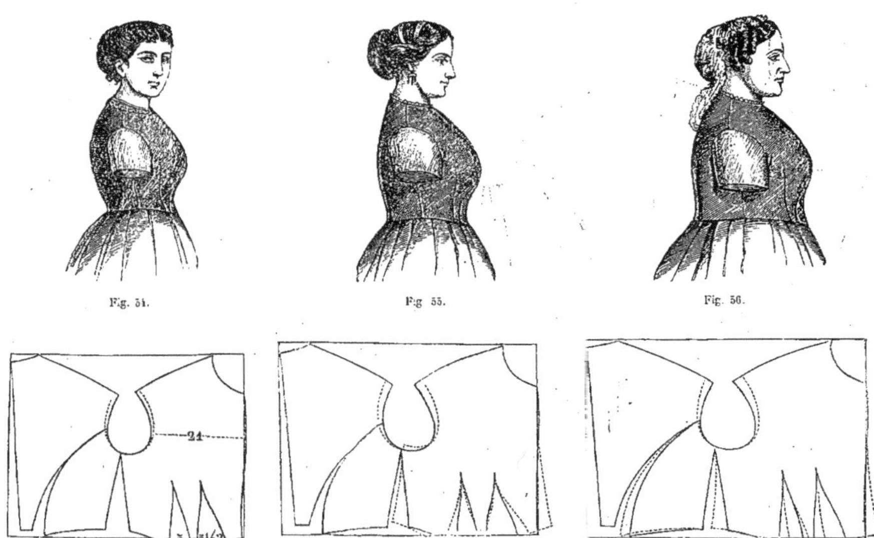

Fig. 54.

Fig. 55.

Fig. 56.

Nous avons dit au sujet de la *(fig.* 52), que les variations étaient grandes entre les jeunes filles de quatorze à dix-huit ans, les mêmes phénomènes se produisent chez les femmes qui presques jeunes encore passent à l'âge mur, et arrivent au degré d'embonpoint qui leur est assigné par la nature. Ainsi, cette jeune fille de seize ans, qui porte aujourd'hui 39 centimètres de demi-grosseur du haut, et 20 de demi-grosseur de ceinture, portera peut-être, à quarante-cinq ans, 55 centimètres de demi-grosseur du haut, et 40 centimètres de demi-grosseur de ceinure, et à cinquante-cinq ans, 60 centimètres de demi-grosseur du haut, et 50 centimètres de ceinture. Quand une personne grossit d'une manière régulière, c'est-à-dire que les épaules, le dos, la poitrine et le tour de taille augmentent dans les mêmes proportions, cette personne arrivée à tel ou tel degré d'embonpoint est restée dans des proportions régulières et elle est encore relativement bien faite. Dans ce cas, le tracé du corsage obtenu par la méthode au moyen ces mesures de grosseur du haut, de longueur de taille, n'a pas besoin d'être modifié.

Cependant comme la largeur des épaules n'augmente pas en proportion de ce que le corps grossit, il est bon de diminuer un peu la largeur des épaulettes ainsi que nous l'avons indiqué aux figures ci-dessus.

La pratique nous a également démontré que les pinces pour former la gorge sont assez généralement de moitié de la largeur de poitrine, aussi à la *fig.* 53, cette largeur étant de 21 centimètres les deux pinces doivent avoir 10 cent. 1/2, 5 cent. 1/4 chacune, sauf les exceptions, bien entendu.

Fig. 55.

L'embonpoint ne progresse pas toujours dans les mêmes proprotions. Certaines personnes, vues seulement du dos, à qui l'on pourrait supposer 50 cent. de demi-grosseur du haut, il én est tout autrement quand on les voit de profil ou de face, parce que la poitrine, développée outre moyenne, emporte plus de mesure qu'on ne l'aurait supposé à première vue. L'on comprend, dès lors, qu'il y a des proportions et qu'il faut, quand le cas se présente, rapporter l'emmanchure en arrière afin de retirer le dos du corsage et rélargir le devant en proportion.

Fig. 56.

La *fig.* 56 représente une personne arrivée au plus haut degré de corpulence qui existe, 44 centimètres de longueur de taille, 60 centimètres de demi-grosseur du haut, 50 centimètres de demi-grosseur de ceinture ; la tenue est droite, le dos et la poitrine sont proportionnés en largeur, mais le tour de la taille a grossi outre proportion et oblige à rélargir le bas du corsage dans tous les sens aussi bien sur les côtés que sur le devant et aux pinces, parce que la grosseur du ventre efface plus ou moins dans les conformations la prédominance du sein.

Il est bien entendu que les modifications que nous faisons ici ainsi que toutes celles faites aux exemples précédents, ne s'appliquent pas plutôt à une grosseur qu'à une autre ; qu'une personne soit petite, moyenne ou forte, les modifications sont les mêmes pour toutes, du moment où le coup d'œil et la mesure les ont classées dans l'une ou l'autre de ses conformations.

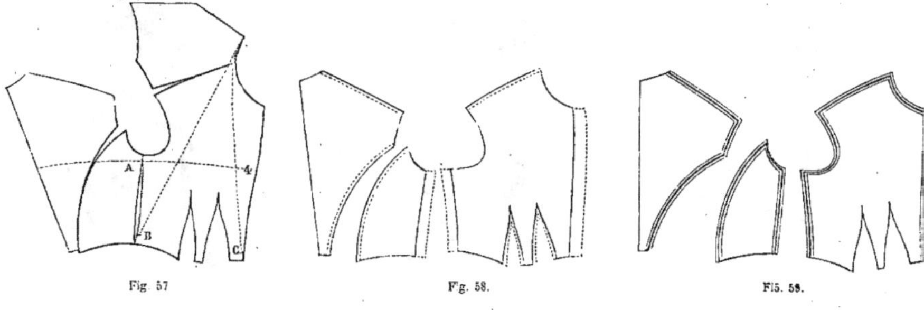

Fig. 57   Fg. 58.   FI5. 59.

Fig. 57

On a bien compris, sans doute, que c'est lorsque le corsage est tracé selon la Méthode et d'après les deux mesures de longueur de taille et de la demi-grosseur du haut démontrée (page 7), que l'on vérifie si les autres mesures sont d'accord avec le tracé, et dans le cas contraire on le modifie suivant les mesures, ainsi que nous l'avons démontré dans tout le cours de ce chapitre. Mais il est indispensable que nous fassions remarquer que toutes les mesures ne peuvent se rapporter justes avec le modèle. Ainsi, par exemple, un corsage de robe qui n'aurait à la hauteur du dessous de bras A que juste la mesure de la demi-grosseur du haut serait trop étroit. il faut absolument que, quelles que soient la grosseur et la conformation de la personne que l'on habille, le corsage ait à cet endroit 4 centimètres de plus que la mesure, ce qui explique pourquoi nous faisons le carré dans lequel nous dessinons le corsage ce 4 centimètres plus large que la mesure. Il y a encore les mesures BC, qui ne se rapportent pas exactement avec le tracé du corsage, parce qu'il faut que le devant ait 1 centimètre au moins, 2 centimètres au plus, plus long que les mesures, afin que le corsage n'appui pas trop sur les épaules, ne puisse gêner et remonter au moindre mouvement. A part ces deux exceptions, le corsage doit être en rapport exact avec toutes les autres mesures.

Fig. 58

Dans la coupe du corsage fait d'après la méthode, les coutures sont comprises, mais des coutures ordinaires comme les tailleurs les font dans le drap ou dans toutes les étoffes fortes où de grandes coutures feraient des épaisseurs inutiles et nuisibles à la perfection du travail. Ces derniers ne laissent de grandes coutures, ou plutôt de l'étoffe en dedans que dans les petits côtés et sur le devant, afin de pouvoir au besoin rélargir un corsage trop étroit, mais dans les étoffes minces et légères, susceptibles de s'érailler, et dont les coutures ne sont pas recouvertes par le rabattement des doublures; il est bon de laisser des coutures plus larges, ainsi que les couturières ont l'habitude de le faire.

Fig. 59

Nous ne terminerons pas cet article sans recommander d'une manière toute spéciale le soin que l'on doit apporter en prenant les mesures; car la meilleure méthode de coupe peut être complètement dénaturée si on lui applique des mesures fausses. Autant vaudrait couper au hasard et s'en rapporter uniquement à l'essayage, comme le font la plupart des personnes qui coupent par routine. Les mesures doivent être indistinctement et pour tout le monde prises naturellement, c'est-à-dire ni trop justes ni trop aisées. Une cliente, par exemple, peut dire à sa couturière : Prenez mes mesures larges, je tiens essentiellement à être habillée aisément. Ou bien, prenez la mesure de la taille courte, car j'ai le buste très-long, et je voudrais que par votre coupe vous en dissimuliez la longueur. Une autre cliente peut demander absolument le contraire, mais les mesures prises larges, longues ou courtes, ne sont pas les mesures vraies, et il faut, au besoin, savoir faire comprendre aux clientes que l'on tiendra compte de leurs recommandations, qu'on les habillera comme elles désirent, mais qu'il faut, avant tout, que les mesures nous donnent exactement les proportions de leur buste tel qu'il est. — Pour donner une idée de ce que peut produire une mesure trop juste ou trop aisée, nous donnons pour exemple la *fig.* 59. — Trois corsages ont été coupés pour la même personne ; l'un a été coupé la mesure prise juste, le deuxième la mesure prise naturellement, le troisième avec la mesure prise aisée; n'est-il pas évident que sur ces trois corsages un seul ira véritablement bien ; l'on sera gêné dans le plus petit; trop à l'aise dans le plus grand.

ÉTUDE DE L'ESSAYAGE

L'art de bien habiller se résume en quatre points principaux :

1° L'œil et la main exercée pour prendre les mesures;
2° Savoir se créer de bons patrons ;
3° Savoir bien essayer ;
4° Le goût nécessaire pour donner du cachet et de l'élégance à ce que l'on fait.

Nous avons traité les deux premiers points ; il n'est pas inutile de parler des deux autres, de l'essayage surtout, qui a besoin d'apprentissage. Il faut, en effet, en avoir l'habitude pour être à peu près sûr de soi. La première fois que l'on essaie, on est emprunté, quelquefois timide, on se trouble facilement par crainte de fatiguer la cliente, on se dépêche, pour une cause ou pour une autre on a hâte d'en finir, et les vêtements ainsi essayés sont rarement réussis. Pour bien essayer, il ne faut pas vouloir aller trop vite ; il faut être de sang-froid, ne pas être occupé d'autre chose que de son essayage, ne pas se laisser distraire par sa cliente en causant avec elle.

Les couturières ont une excellente habitude, celle d'épingler; mais elles n'en tirent pas toujours un très-bon parti, soit qu'elles s'y prennent mal, ou par trop de confiance en elles-mêmes elles ne prennent pas assez de précautions.

Les tailleurs n'ont pas l'habitude d'épingler ; cependant, pour notre compte, nous l'avons toujours fait et nous en sommes toujours parfaitement trouvé. Voici comment nous faisons : en plaçant le vêtement sur la personne, nous le faisons bien entrer et sans effort, puis nous réunissons les deux devants avec des épingles comme s'il était boutonné ; ensuite, nous l'examinons dans tout son ensemble afin de voir s'il y a des défauts, ce qui peut les produire, de quel côté ils peuvent provenir, et nous ne nous contentons pas de les signaler avec des épingles ou de la craie, mais nous débâtissons et nous épinglons sur la personne même, absolument comme nous le faisons sur un mannequin ou une poupée. Voici un exemple :

Nous essayons un corsage mal coupé, parce que le coupeur ne connaissait pas la cliente, et la mesure avait été prise par un employé qui n'en avait pas assez l'habitude ni la spécialité. Le corsage, posé sur la personne, allait mal de toute part, il y avait trop de largeur derrière, en haut du petit côté, l'emmanchure gênait, il se produisait autour, des plis se prolongeant jusqu'autour de l'encolure, le dos montait trop haut et bridait sur le cou, *un corsage trop étroit ou une épaulette trop courte ou trop droite produit cet effet*, toujours est-il que ce corsage allait fort mal et était considéré par la cliente comme complètement manqué; cependant la largeur ne manquait pas, il devait y avoir de la ressource, d'autant plus qu'il y avait de l'étoffe de réserve devant et au-dessous de bras. Pour nous en assurer, nous nous plaçons sur le côté de la cliente, de manière à avoir de profil le devant et le dos. Ainsi placé, nous débâtissons la couture sous le bras, le derrière et le devant, ainsi disjoints. Il devient facile de manœuvrer sur la personne ces deux parties du corsage, de manière à les bien faire aller, et faire en sorte que l'emmanchure soit bien en place, qu'il n'y ait plus de plis autour. Ce résultat obtenu, nous épinglons ; reste l'épaulette qui ne va pas encore bien, nous n'hésitons pas davantage, nous la débâtissons et nous faisons prendre à l'épaulette la position nécessaire pour qu'il n'y ait plus de gêne, de plis, de tordage. L'emmanchure, l'épaulette, l'encolure ne laissent plus rien à désirer; mais nous apercevons encore des grimaces qui se produisent derrière, c'est le petit côté qui est mal monté sur le dos. Comme nous ne voulons pas que notre essayage reste imparfait, nous débâtissons encore cette couture et nous épinglons de manière à rendre tout l'ensemble parfait. C'est la manière de faire un essayage bien compris et bien exécuté. Toutes les fois que nous essayons un corsage de robe, d'amazone ou tout autre vêtement, quel qu'il soit, pour peu qu'il n'aille pas très-bien, soit par un vice de mesure, de coupe ou de montage, nous n'hésitons pas à débâtir sur la personne et à rectifier sur elle avec les épingles afin d'éviter, autant que possible, de retoucher un vêtement une fois terminé. D'ailleurs, les retouches, quand elles sont graves surtout, sont difficiles, coûteuses, font perdre beaucoup de temps, exposent à laisser pour compte et à perdre la cliente. Il faut donc mieux, à la rigueur, essayer deux fois que de s'exposer à tous ces désagréments.

ÉTUDE DES MANCHES

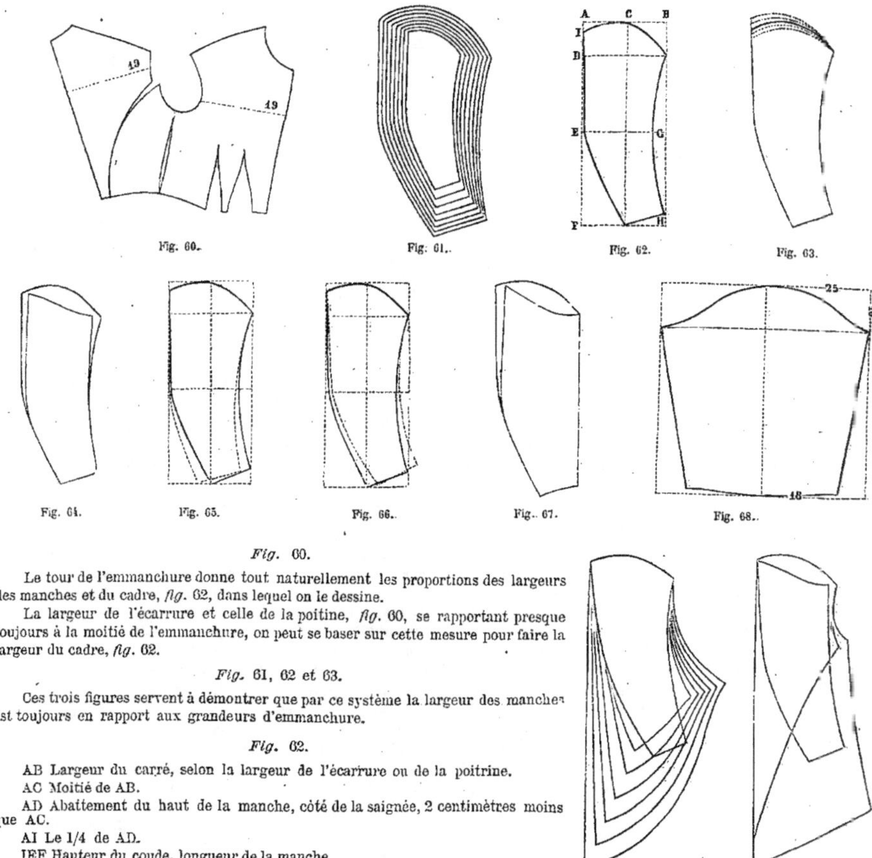

Fig. 60.   Fig. 61.   Fig. 62.   Fig. 63.

Fig. 64.   Fig. 65.   Fig. 66.   Fig. 67.   Fig. 68.

Fig. 69.   Fig. 70.

Fig. 60.

Le tour de l'emmanchure donne tout naturellement les proportions des largeurs des manches et du cadre, *fig.* 62, dans lequel on le dessine.

La largeur de l'écarrure et celle de la poitrine, *fig.* 60, se rapportant presque toujours à la moitié de l'emmanchure, on peut se baser sur cette mesure pour faire la largeur du cadre, *fig.* 62.

Fig. 61, 62 et 63.

Ces trois figures servent à démontrer que par ce système la largeur des manches est toujours en rapport aux grandeurs d'emmanchure.

Fig. 62.

AB Largeur du carré, selon la largeur de l'écarrure ou de la poitrine.
AC Moitié de AB.
AD Abaittement du haut de la manche, côté de la saignée, 2 centimètres moins que AC.
AI Le 1/4 de AD.
IEF Hauteur du coude, longueur de la manche.
G Moitié de AD.
H Moitié de AD.

Lorsque le goût et la mode exigent la manche plus large, on doit ajouter 1 ou 2 centimètres, surtout si l'on fait le haut du dessous de manche plus étroit ainsi que nous l'avons fait à la *fig.* 64.

La manche, telle qu'elle est démontrée à la *fig.* 62, peut être modifiée si, par exemple, une personne veut beaucoup d'aisance pour le mouvement des bras et n'éprouver aucune tension au coude. Cette aisance s'obtient en donnant plus de hauteur au talon de la manche, *fig.* 63, et en courbant le bras davantage en ressortant en dehors du carré, *fig.* 66; de cette façon, il n'y aura pas de tension au coude les bras croisés, par exemple; mais les manches iront moins bien, le bras retombant naturellement; si, au contraire, on veut la manche tombant droite, le bras baissé, il faut reporter le bas en arrière, ainsi que le démontre la *fig.* 65.

ÉTUDE DES JUPONS

Fig. 71.

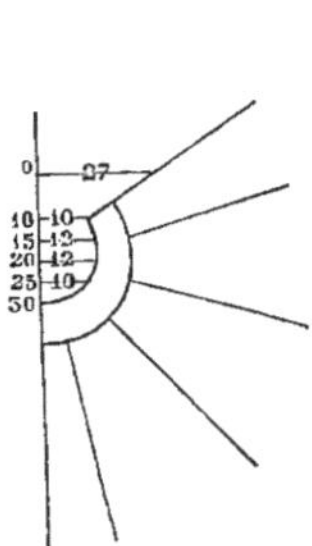

Fig. 72.

Fig. 73.

Fig. 71.

Quelle que soit la forme des jupes, jupons, crinolines, il faut toujours que le haut soit en rapport avec le tour de la ceinture et des hanches. C'est pourquoi nous commençons l'étude des jupes par la pièce, dite pièce des hanches.

Fig. 72.

Les lignes d'équerre sont également indispensables pour le tracé des jupes. Il faut mettre à partir de 0, 10, 15, 20, 25, 30 centimètres. L'échancrure est de 10, 12, 12, 10 centimètres. Si l'on veut tracer le haut de la jupe au compas on se place au chiffre 15, et pour le bas au chiffre 20. De cette façon, la jupe est très-ronde, parce que le derrière se trouve 5 cent. plus long que le devant.

Fig. 74.

Le tour de la taille de la *fig.* 71 est de 30 centimètres de demi-grosseur de ceinture, mesure qui se rapporte le plus généralement aux personnes de grosseur moyenne et qui peut servir de base pour les autres grosseurs car il suffit de diminuer ou augmenter le cercle pour diminuer ou augmenter le tour de taille suivant la mesure prise. (Voir cette fig. page 20.)

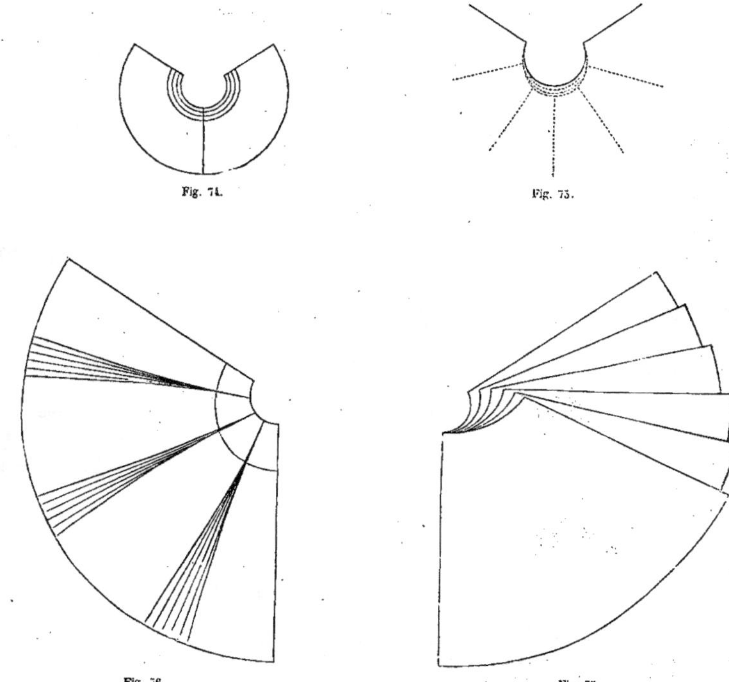

Fig. 74.

Fig. 75.

Fig. 76.

Fig. 77.

Fig. 75.

La *fig.* 75 sert à démontrer que plus une jupe est ample et longue, plus le haut a besoin d'être échancré afin de reporter plus d'ampleur derrière, et que le bas ne soit pas contrarié dans son ampleur et dans ses plis.

Fig. 76.

La *Fig.* 76 est la reproduction des *fig.* 72 et 75, rétrécie en proportion de ce que l'on veut moins d'ampleur dans les jupes.

Fig. 77.

C'est en rétrécissant graduellement le patron par en bas de 8 centimètres environ à chaque couture, que l'on arrive successivement à faire des jupes de la plus grande à la plus petite dimension.

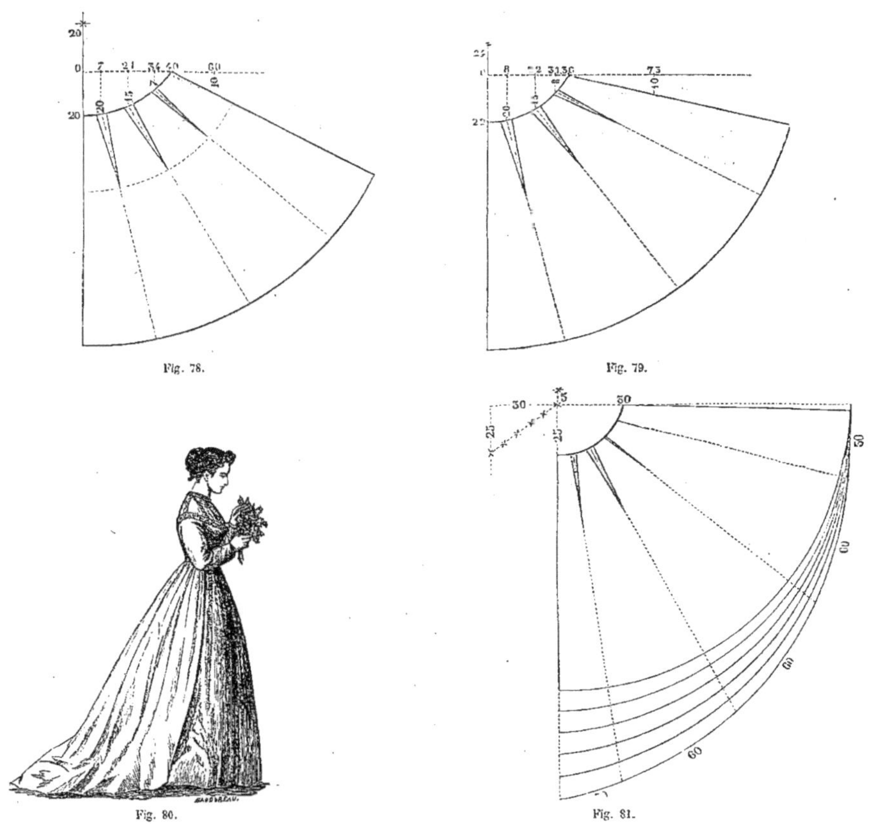

Fig. 78.

Fig. 79.

Fig. 80.

Fig. 81.

Fig. 78.

Cette jupe est la sixième, c'est-à-dire la plus étroite des six réunies à la *fig.* 77. La demi-largeur est de 175 centimètres seulement. Le haut est rétréci par des pinces, suivant la mesure de la taille jusqu'à la hauteur de 25 centimètres à peu près. L'étoile qui se trouve au-dessus de l'angle d'équerre O est le point de départ pour tracer au compas l'arrondi du bas de la jupe.

Fig. 79 et 80.

La manière de réaliser ces deux patrons est absolument la même que celle démontrée aux modèles précédents, en tenant compte, bien entendu, de la différence des chiffres de chacun d'eux.

Fig. 81.

Cette jupe a 5 mètres de tour ; elle est la plus généralement adoptée pour robes de toilette et de salon ; on lui donne plus de longueur derrière pour la rendre traînante et lui donner un cachet d'élégance et de richesse. Ce que l'on fait dépasser en plus de la longueur naturelle varie de 10 à 50 centimètres, et quelquefois de plus encore pour les robes et les tuniques de cour.

L'étoile placée à 5 centimètres au-dessus de l'angle d'équerre O est le point de départ pour arrondir au compas le bas de la jupe. Les autres points inclinés à gauche, lignes 30 et 25, servent également et successivement de point de départ pour faire l'arrondi des plus grandes longueurs.

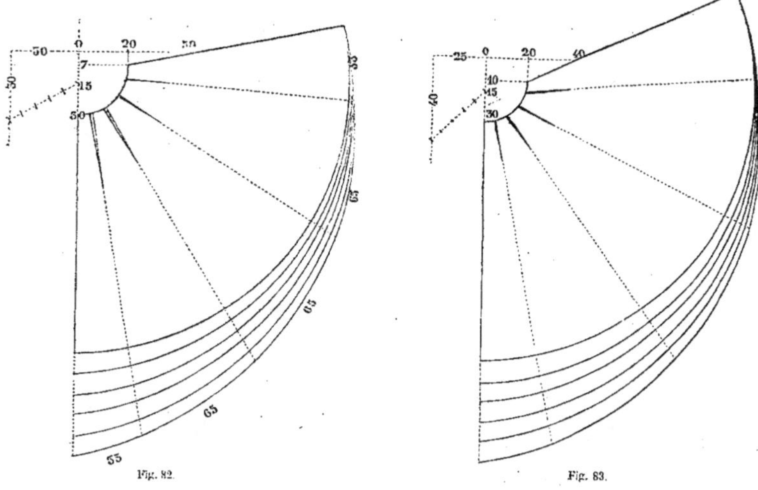

Fig. 82.

Fig. 83.

Fig. 82 *et* 83.

La *fig.* 82 a 5 mètres 50 de tour, et la *fig.* 83 a 6 mètres. C'est la plus grande largeur qui se soit faite aux époques où la mode exigeait de plus grandes largeurs qu'aujourd'hui ; — la manière de relever les patrons est la même que celle qui est démontrée à la *fig.* 81.

Fig. 84.

Toutes les jupes qui précèdent sont plates, mais il est facile de les faire à plis, comme la *fig.* 80, en laissant de chaque côté du patron plus ou moins d'étoffe, en proportion de ce que l'on veut des plis plus ou moins nombreux, ou plus ou moins profonds. Les lignes ombrées que nous avons faites à la *fig.* 84, représentent la quantité d'étoffe que nous avons laissée en plus pour plisser ou froncer. — En dehors des jupes plates froncées ou à plis, il s'en fait une foule d'autres dites à pouffes, à paniers, genre Louis XIV, Louis XV, Marie-Antoinette, etc. Mais toutes les créations de jupes de fantaisie, n'ont d'autres principes que le goût des personnes qui en créent les formes ou l'agencement, principes dont nous nous occuperons à l'article Modes, Costumes et Fantaisies, faisant suite à la troisième partie.

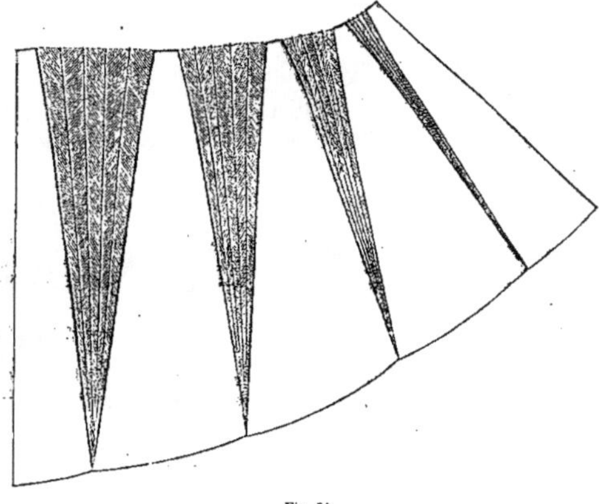

Fig. 84.

TROISIÈME PARTIE

APERÇU DES COUPES DE CORSAGES LES PLUS GÉNÉRALEMENT ADOPTÉS A TOUTES LES ÉPOQUES ET MODIFICATIONS APPORTÉES DANS CES COUPES POUR LES APPROPRIER AUX EXIGENCES DE LA MODE.

La mode n'a eu ni commencement ni fin ; quoique passagère et fugitive elle est infinie, elle n'est qu'une question d'idée et de goût, aussi bien pour les coupes que pour les étoffes, les couleurs et les ornements, etc. La mode dans la coupe des corsages ne consiste pas seulement dans le changement de place des coutures, ni du plus ou moins d'ampleur ou de longueur, mais aussi dans les longueurs de taille.

Les six figures ci-dessous n'en font qu'une, car elles représentent la même personne, dont l'aspect du buste présente à chacune d'elles une différence assez sensible produite par la différence des corsets et la différence de coupe des corsages.

Fig. 85.   Fig. 86.   Fig. 87.

Fig. 85. — TAILLES LONGUES.

Les tailles longues, en faveur il y a dix ou quinze ans, s'obtiennent au moyen de corsets longs, montant haut sous le bras et remontant la gorge, la force et le nombre des baleines comprimant les côtes, les hanches et le ventre, effacent en quelque sorte la hauteur naturelle de la taille, ce qui permet de faire à la robe la taille aussi longue que la mode l'exige. Cette manière de se corser à l'avantage de faire paraître le buste plus long, mais elle a l'inconvénient de comprimer les côtes et les hanches, de grossir la taille et de faire paraître relativement le haut du corps plus étroit. On remédie à ce dernier inconvénient en faisant le haut du corsage un peu plus large de poitrine, l'épaulette également plus large et plus tombante des épaules, ce qui, presque toujours, nécessite des coussins pour remplir les creux qui existent naturellement entre l'épaule et le sein.

Fig. 86. — TAILLES COURTES.

La mode des tailles courtes disparue depuis longtemps nous est revenue ces dernières années. Il y a deux moyens de raccourcir la taille, soit par des tournures ou l'épaisseur de jupons superposés au-dessus des hanches pour les faire paraître plus hautes. La forme du corset contribue également à cette manière de s'habiller, sa forme courte, ses goussets soutenant la gorge sans la remonter, serrant peu la taille. Le corsage de robe coupé court, auquel on ajoute une large ceinture, sont autant de moyens que l'on emploie pour faire paraître la taille plus ou moins courte, suivant l'exigence de la mode.

Fig. 87. — TAILLES NATURELLES.

Les modes qui se font sur la longueur naturelle de la taille, sont celles sur lesquelles on revient toujours, précisément parce qu'elles sont naturelles, qu'elles n'ont rien de gênant, de factice ni d'exagéré et qu'elles sont le plus généralement admises dans tous les pays et dans toutes les conditions. Quant la mode des tailles longues est passée, on les trouve laides, de même que, quant la mode des tailles courtes est passée, on les trouve ridicules. Quelquefois on dira peut-être que cette taille n'est pas de mode, mais on n'entendra jamais dire qu'elle est laide ou ridicule. C'est précisément parce que cette mode revient toujours et qu'elle est le plus généralement admise, que nous l'avons aussi adoptée comme principe et comme base de tracé pour les coupes de corsages démontrées aux leçons précédentes. Celles qui vont suivre démontreront toutes les modifications que nous aurons à faire pour approprier cette coupe à tous les goûts et aux genres de robes figurées en tête de chaque exemple.

Fig. 89.

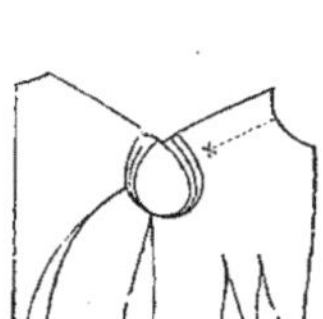

Fig. 88.

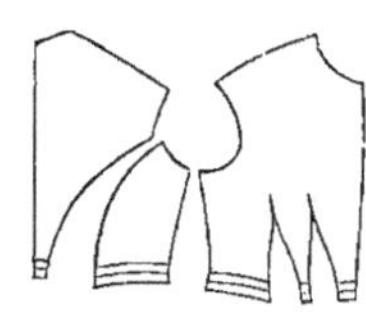

Fig. 90

Nous ferons remarquer qu'en général chez les femmes, même jeunes, dont la charpente osseuse est arrivée à son apogée de croissance, la largeur des épaulettes, à partir de l'encolure à l'angle arrondi de l'épaule, ne varie guère que de 12 à 14 centimètres (moyenne 13). La largeur que d'ordinaire on met en plus au corsage des robes se fait dans le but d'avantager, et donne plus de grâce au modèle; on peut donc, suivant le goût de la mode, élargir ou rétrécir l'épaulette, sans nuire en rien à la perfection d'une bonne coupe.

La fig. 90 sert également à démontrer que l'on peut rallonger ou raccourcir un corsage à la taille d'après la manière de se corser et de se juponner selon son goût ou suivant la mode.

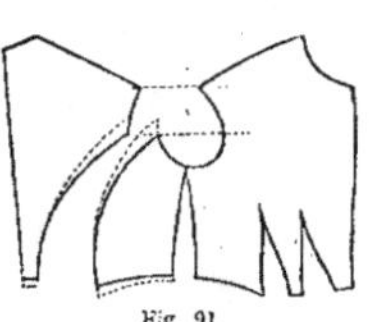

Fig. 91.

Fig. 92.

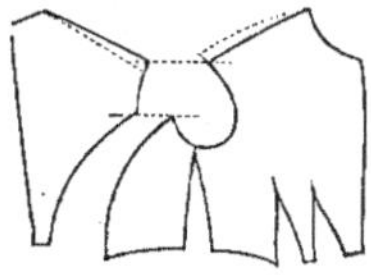

Fig. 93.

La place des coutures du dos est aussi une question de goût ; il n'y a aucun inconvénient à les changer de place. Si l'on veut le petit côté 2 centimètres plus haut que nous ne l'avons fait au côté droit des figures 91 et 93, on élève de 2 centimètres le petit côté au-dessus de la ligne de l'écarrure si, au contraire, on le veut 2 centimètres plus court que nous l'avons fait du côté gauche, on baisse le petit côté de 2 centimètres au-dessous de la ligne de l'écarrure ; pour changer la place des coutures de l'épaulette, l'opération est la même; toutes les fois que l'on retire d'un côté et que l'on remet de l'autre, la coupe change d'apparence, mais le fonds est toujours le même; cependant à l'œil, la différence paraît grande : A la *fig.* 92, la tenue est droite, les épaules sont régulières, et cependant les deux côtés ne paraissent pas semblables, la taille paraît courte d'un côté et longue de l'autre ; il n'en est rien cependant, la différence de coupe produit seule cet effet.

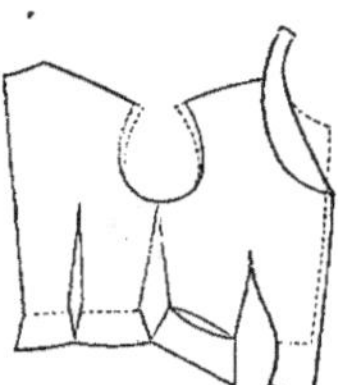

Fig. 94.

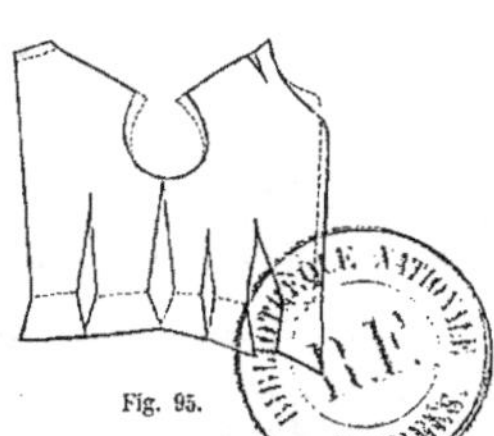

Fig. 95.

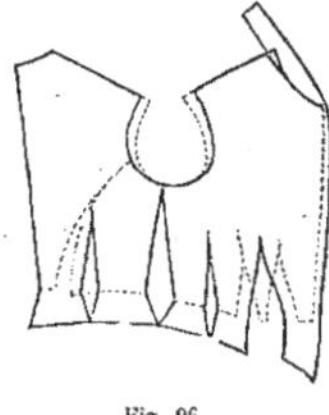

Fig. 96.

La coupe des gilets est encore un exemple facile pour démontrer que l'on peut, avec le même corsage, varier la coupe de bien des manières. Les trois gilets, *fig.* 94, 95 et 96, sont faits avec un corsage de robe, relevé d'après le tracé de la méthode (*fig.* 29, p. 7). — La différence existe seulement dans l'emmanchure, qui est agrandie, et les pinces sont faites de façon à donner du développement sur les hanches, en proportion de ce que la longueur du gilet dépasse la taille.

0

www.ingramcontent.com/pod-product-compliance
Lightning Source LLC
Chambersburg PA
CBHW051420060726
47596CB00005B/2305